어쩌자고 그대는 먼 곳에 떠 있는가

박성민 시집

시인동네 시인선 141   박성민 시집

어쩌자고 그대는 먼 곳에 떠 있는가

시인동네

시인의 말

이 시대에 시인으로 산다는 건
축복 아니면 저주다.
희열의 밤과 회한의 새벽…….
한 방울의 잉크로 무엇을 할 수 있나.
여기 절망의 목록에 한 줄을 추가한다.
내 피는 잉크다.

2020년 12월
박성민

차례

시인의 말

제1부

데자뷔 · 13

고드름 · 14

드라이플라워 · 15

숲을 金으로 읽다 · 16

목도장 파는 골목 · 17

동승(童僧)이 되어 · 18

七七 · 20

결승문자(結繩文字)를 읽다 · 21

격렬비열도 · 22

청사과 깎는 여자 · 23

겁(劫) · 24

사랑니 · 25

촛농 · 26

김광석 · 27

점집 골목 · 28

제2부

시인의 말 · 31

살아男子 · 32

사랑 · 33

당신이라는 접속사 · 34

월하정인 · 35

시인보호구역 · 36

지문 · 37

道를 아십니까? · 38

묵독(默讀)의 시간 · 39

혀 2 · 40

말을 타다 · 41

숟가락 · 42

최불암 · 43

적란운 · 44

제3부

두부는 반듯하다 · 47

흑묘백묘(黑猫白猫) · 48

비대면의 가을 · 49

3인칭 전지현적 작가시점 · 50

돈 세상 · 51

괄호 안에 갇힌 사람들 · 52

헬조선왕조실록 · 54

두부 · 55

사물은 눈에 보이는 것보다 가까이에 있음 · 56

불 혹은 뿔 · 57

귀신이 산다 · 58

최미진은 왜 나를 · 59

호모 텔레포니쿠스 · 60

오늘의 교통정보 · 61

좋아요 33, 싫어요 18 · 62

제4부

거북 · 65

죽은 책 · 66

코끼리 · 67

벌교 거시기 꼬막 · 68

이사금 · 69

달의 슬라이더 · 70

혀 · 72

손금 · 73

윤슬 · 74

손 없는 날 · 75

느시 · 76

고양이는 그레코로만형으로 · 77

유목의 시간 · 78

팽목항에 내리는 비 · 79

보름달 · 80

제5부

빙폭(氷瀑) · 83

안경 · 84

네안데르탈인 · 85

서늘한 족보 · 86

스프레이 · 88

곤달걀 · 89

가을날의 몽타주 · 90

두껍아 두껍아 · 91

오늘의 운세 · 92

계백(階伯) · 94

배꼽 · 95

소녀 · 96

뼈 · 97

백 년 동안의 고독 · 98

해설 결핍의 시대를 건너는 고독, 그리움
그리고 풍자 · 99
진순애(문학평론가)

제1부

데자뷔

언젠가 이 골목길 걸었던 것 같은데
전생일까, 당신이 날 바라본 것 같았는데

멀리서 곱게 늙으며
기다린 것 같았는데

어디에서 기다리는지 기억이 나지 않는
이 저녁 내 기억은 물컹한 두부 한 모

얼굴을 세숫대야 속에서
움켜쥔 것 같았는데

누구와도 눈빛을 마주치지 않겠다고
그림자 질질 끌며 걸었던 것 같은데

허공을 벗어난 벼락이
땅 위에 꽂힌다

고드름

눈물의 내시경이 내 몸속을 지나간다

그녀의 집 앞에서 흘리던 눈물인가 불 켜진 창을 향해 몰려들던 눈송이들, 그 처마에 두고 온 시퍼런 내 청춘이 시린 사랑 한 방울로 목덜미에 떨어진다 그렁그렁 외로움에 밤새 떨다 입술 깨문 밤, 사내의 쓸쓸함이 태어나던 그 골목, 기다림의 몸속에선 오래된 피가 고였다

아직도 송곳이 되어 내 가슴을 찌르는

드라이플라워

여기서 살아나간 향기는 없었다
말라붙은 웃음만 빛깔로 남은 병실
눈뜬 채 잠이 든 그녀
눈꺼풀 떠는 창문

옆으로 돌아누워 거울을 마주 보면
텅 빈 뼛속에서 한 묶음 새가 운다
허공에 부리를 묻는다
물 한 모금 없는 새장

안개가 무성하던 계절은 멈춰 섰다
한 알의 하루를 삼키는 저물녘엔
온몸이 바스라진다
잇몸으로 뜨는 달

숲을 金으로 읽다

난시의 가을인가, 도리마을 은행 숲에
버려진 잎들끼리 껴안고 뒹구는 땅
눈부신 폐허의 풍경이 금빛으로 타오른다

너 떠나자 가을이다, 어깨를 움츠린 가을
우듬지까지 밀어올린 눈물의 뿌리들이
써놓고 부치지 못한 편지처럼 쌓여간다

가만히 만져보면 보풀 이는 너의 손등
추워지는 영혼마다 어깨들 감싸주듯
맨살이 맨살을 더듬는 은행 숲이 빛난다

목도장 파는 골목

노인의 손끝에서 이름들이 피어난다
이름 밖 나뭇결이 깎여나는 목도장
움푹 팬 골목길 안도
제 몸 깎고 피어난다

캄캄한 음각 안에 웅크려 있는 고독
나 아닌 것들이 밀칼에 밀려날 때
촘촘한 먼지 속에서
울고 있는 내 이름

노인의 이마에서 전깃줄이 흔들리고
골목에 훅, 입김 불자 길들도 흩어진다
도장에 인주를 묻혀
붉은 해 찍는 저녁

동승(童僧)이 되어
— 신윤복의 〈단오도〉

큰스님 호통을
꽁뒤에 떨쳐두면
굽이굽이 시냇물은
희희낙락 달려가고
심장을 벌렁거리는 봄바람도 불어라

요놈들!
여기에서 관음을 구하다니
바위틈에 숨어서 몰래 보던 허벅지

후다닥 몸을 숨기게
뻐꾸기는 울어라

그네마다 낭창한 봄
나긋나긋 오는가

얼비친 젖가슴이,
아, 저런,

조금만 더…….

꿀까닥 침 삼키듯이 저녁 해가 넘어간다

七七*
— 풍설야귀도(風雪夜歸圖)

생몰연대 미상의 눈발이 흩날린다
울고 간 누군가의 발자국을 더듬으며
온몸을 쥐어짜 걷는
허기의 일필휘지

한쪽 눈 찌르고 안경알을 빼버리면
북녘의 바람도 七七
두 마리 새도 七七
계곡의 입술을 떠난 휘파람이 날아온다

여태 마신 술보다 흘린 술이 더 많았나
덜 취한 세상의 눈길은 더 추워서
먹물을 쏟아부은 밤
시퍼런 달이 뜬다

---

*조선 후기 화가 최북(崔北)의 자(字).

결승문자(結繩文字)를 읽다

어머니가 보낸 김치통, 묶은 매듭이 안 풀린다

긴 끈의 비명을 매듭이 물고 있는 어머니의 문자는 해독되지 않는다. 허공을 더듬던 손이 절벽을 만지듯 모자란 끈들은 자기 삶을 더 당긴다. 뱃속에서 탯줄로 만났던 어머니와 난, 두 갈래 길에서 또다시 헤어졌을까. 어머니가 아픈 다리로 오르던 계단은 길의 주름이거나 수십 번 묶은 매듭이다. 팽팽하게 당겨진 길마다 매듭진 집들, 어머니는 울음 끝에 눈물을 동여맸으리.

인류가 망해도 남을
마지막 문자, 어머니

격렬비열도*

제 몸에 혼잣말을 새겨 넣는 주상절리
서툰 안부도 없이 새들은 날아간다
기러기 붉은 울음이 번져가는 저녁놀

통증을 밀어올린 꽃 대궁이 시퍼렇다
벼랑을 더듬으며 피어나는 동백꽃이
전생의 외로웠던 날들을 연실처럼 당긴다

어쩌자고 그대는 먼 곳에 떠 있는가
파도의 하얀 뼈가 부서지는 저녁마다
너무나 늦은 사랑이 창백하게 피어난다

---

* 격렬비열도(格列飛列島): 태안반도에서 약 55킬로미터 떨어진 우리나라 최서단 섬들. 멀리 보면 삼각형의 섬 3개가 열을 지어 날아가는 기러기 같다 해서 붙여진 이름.

청사과 깎는 여자

그녀는 칼날로 북극 먼저 도려낸다
지구의 기울기인 23.5도로 사과를 눕혀
돌리며 깎아나간다
북반구가 하얘진다

푸른 지구 속살에서 흘러나온 과즙 향기
끊길 듯 이어지며 남극까지 깎이는
청사과 얇은 껍질에
매달린 빌딩들

사과를 기울여 한 바퀴 돌릴 때마다
그녀의 눈동자에 낮과 밤이 지나가고
사랑의 기울기 끝에
빙하가 다 녹는다

겁(劫)

엎질러진 물들이
모르는 길을 간다
축축해진 허공에서
꽃들이 깨어나고
너무나
멀리 가버린
별빛이 또 흐릿하다

부리 닳은 새 한 마리
종소리를 쪼다 가면
그대 손 놓쳐버린
이번 생이 너무 짧다
눈뜨고
눈감는 일이
말라가는 눈물 같다

사랑니

잊었다 생각했는데
이젠 정말 잊었는데

마취된 기억이었나
뱉어내지 못한 피

꽃병을
치워버린 식탁
옛사랑이
앉아 있던

촛농

가슴 태운 그리움은
발목부터 굳어간다

허공에는 심지 못한
이번 생(生)의 꽃 한 송이

누군가 밝히기 위해
내 몸은 낮아진다

김광석

저녁이면 지친 삶은
음 이탈을 하곤 했다

식어버린 노을 앞에
눈감으면 환한 몸살

그대를 생각할 때면
자꾸 발을 헛디딘다

젖은 통증 몇 방울
흘러내린 창가에서

빗줄기를 튕겨봐도
조율되지 않는 세상

목젖이 부은 노래가
길 위에서 죽는다

점집 골목

요즘은 산다는 게
놓쳐 버린 사과 같아

노을의 빨간 껍질을
그 누가 깎고 있는지

골목은 점점 길어져
계단을 말아 올린다

전생을 더듬다가
길어진 손가락들

한숨이 늙은 길을
손금으로 읽어내고

달빛도 갈 곳을 잃어
손톱 속에 숨는다

제2부

시인의 말

밤마다 입속에서 말발굽이 울리면
내달리는 말들이 술잔 속을 건너다가
취하면 말꼬리 잡고
거꾸로도 달렸다

말의 피로 제사 지내던 머나먼 옛적부터
갑골문자 이전에도 말 타고 달린 부족
말 입에 재갈을 물린
시인들은 죽었다

말 위에서 잠든 나를 눈뜬 말이 데려왔나
천관녀의 집 앞에서 말문을 닫은 말
칼 들어 내 말을 친다
말머리가 뒹군다

살아男子
— 사마귀

나와 교미한 당신은
내 머리를 먹는다

내 몸을 여는 건 늘 당신의 입술이니 한 시절 외로웠던 거푸집은 벗고 간다 흔들리는 풀을 씹고 길마저 삼키는 당신 내 뼈를 똑 똑 잘라 고드름처럼 베어 먹으면, 울음을 받아먹고 자란 풀들이 시퍼렇다 사랑한다 사랑한다 목소리도 잦아들고, 당신이 베고 눕던 내 두 팔이 저려올 때 그믐달 남은 부위를 잘게 씹어 먹는 당신

몸 없이 우는 법을 배운
밤바람이 흩날린다

---

*사마귀는 짝짓기한 후 암컷이 수컷을 잡아먹는다.

사랑

　에스키모에 전해오는
　늑대 사냥법이 있습니다

　차디찬 칼날에 가축의 피를 묻혀 얼음에 꽂아두면 굶주린 늑대가 와 피 묻은 칼을 핥으며 칼날에 혀를 베지요 피에 취한 늑대는 자기 피인 줄 모르고 칼날에 제 피를 모두 바칠 때까지 핥습니다 흰 눈 속에 핏물 번지는, 지독한 허기의 밤

　늑대는 그렇게 죽어갑니다
　자기 피를 핥으며

당신이라는 접속사

그래도,
당신 곁을 맴돌았던 것 같은데

그러므로,
단 한 번 내 사랑은 다녀갔다

하지만,
고인 기억이
떨어질 듯 맺히는

월하정인*

첫날밤 창호지 손톱 같은 달이오
가만히 호롱불로 그대 안부 묻는 밤
조붓한 입술을 열어 맑은 눈빛 보내주오

손닿을 거리에서 울먹이던 밀어들
내 그대 무릎연적에 밤새도록 담기리니
흐릿한 달빛에 적셔 내간체를 쓰려오

사랑은 어쩌면 담장 아래 그늘인가
그대는 마른 잎으로 늘 아프게 돋아나니
오래된 나의 병 속에 당신을 심겠소

---

*신윤복의 〈월하정인〉.

시인보호구역
― 서기 2,200년 시인들은 인디언들처럼 보호구역으로 추방되었다

배고픈 시인이 그믐달을 물어뜯는다
이빨을 숨기기엔 밤이 너무 질기다
한평생 꼬리가 없는 행간만 어슬렁거려

기껏해야 이번 생은 내 피만 핥고 간다
죽은 발톱 밑에 새 발톱이 돋을 때까지
말들의 무덤을 파서 비명(碑銘) 하나 세운다

몇 세기가 또 지나고 동굴 속 발자국 보며
사람들이 웅성대리라 시인이 살았다고
밤마다 혼잣말하던 만년필이 부글댄다

지문

바람은 북동에서 남서로 불어온다
고비사막 모래알이 손가락에 흘러내려
세상을 더듬는 손길, 능선에서 쉬고 있다

바람이 너울너울 밀어내는 모래 물결
태양을 공전하는 지구의 버릇처럼
멀거나 가까워지지 않는 당신과 나의 거리

거문고의 현과 현이 가둬둔 속울음
나무의 신음들이 나이테를 만들었다
온종일 통화 중인 당신에게 다이얼을 돌린 기억

道를 아십니까?

조상 복이 없네요, 제가 길을 알지요
맴맴맴 매미처럼 끈덕지게 따라온 道

하얀 피, 이차돈 목이
땅 위에서 구른다

해진 바지 실밥 너머 삐져나온 무릎처럼
누추한 거리마다 빛나는 신(神)들의 산수(算數)

못 박힌 예수 옆에서
강도가 속죄한다

욕망에 안개를 섞어 면죄부 파는 도시
종교도 마약처럼 은밀하게 거래되고

저 멀리 십일조로 걸어오는
예수천당 불신지옥

묵독(默讀)의 시간

한 닷새쯤
세상에
가득 담겨
고인 비

웅크리고 떨던 어깨
작별 못한 세월에 대해

녹물이 흘러내리는
내 사랑의 중세기(中世紀)

혀 2

우표로 배달된
말랑한 너의 문장

기억마저 축축한
리아스식 해안이다

수평선
저 너머에서
날아오는 흰 새떼

말을 타다

각주 없는 소문들은 바람을 타고 온다
봉화대 아궁이에 연기를 피울 때면
하루에 천 리를 가는 말
달릴수록 커진다

카더라 필살기는 자객처럼 매복해서
처음 듣는 급소를 치고 땅속으로 사라진다
고수의 호신강기(護身强氣)도
사자후(獅子吼)에 쓰러진다

혀에 숨긴 독침을 쏘면 죄목은 정해진다
말들이 사방으로 달려가는 거열형(車裂刑)
내일은 찢긴 당신이
다른 말로 달린다

숟가락

온 가족 둘러앉아
된장국 먹는 저녁

별들을 떠먹이려고
허리가 휜 초승달

숟가락
입에 문 문고리

밤새 집이 배부르다

최불암

연잎이 피워 올리는 푸르른 독경 소리
눈이 먼 물고기 헤엄치는 처마 보며
파~ 하고 웃어버리는
암자가 있었네

배롱나무 등걸마다 늙어가는 그리움
사나흘 울다 가는 동박새 한 마리
후드득 눈꽃이 지는
그런 암자 있었네

적란운

꿈결처럼 누가 자꾸 부르는 것 같아서
뒤돌아본 저녁마다 꽃불 이는 능소화
전생의 폐가 한 채가
다시금 불을 켠다

지금은 간신히 당신이 잊힐 무렵
진양조로 감겨드는 통증이 우련하다
온밤을 사무치도록
들썩이는 번개의 뼈

제3부

두부는 반듯하다

실업의 맷돌에서 흘러나온 청년들
한 평 반 고시원 밑줄 긋고 공부하다
반듯한 두부 한 모로
웅크리고 누웠다

고단백 스펙으로 뭉쳐진 것 같지만
물컹하고 여린 살들, 만지면 으깨진다
날마다 의자에 앉아
이력서 작성한다

콩가루가 다 되어 몰락한 집안인가
비지를 버리고 젊음마저 잘라내면
칼날이 청년의 꿈을
관통하고 지나간다

흑묘백묘(黑猫白猫)

고양이가 내 꿈을 할퀴고 달아났다
실직한 바람들이 공터에서 서성이면
껌처럼 단물 빠진 구름을
산등성에 뱉는 하늘

털갈이한 봄밤이 어둠을 발라낸다
고시원 쪽방에서 쓰다 잠든 이력서
창문엔 쥐똥 같은 별
두세 알 떨어졌다

몇 개의 소문이 담벼락 넘는 아침
대통령 후보들이 웃고 있는 선거벽보 앞
검고 흰 고양이 새끼들이
울고 있다 야옹 야옹

비대면의 가을

마스크를 다시 써도 차디찬 표정들

무릎이 튀어나온 바지처럼 헐렁하다

흐리고 한때 소나기 쇠창살이 쏟아진다

네모난 원고지 독방에서 살아간다

하늘을 벗어나는 저녁놀도 자가 격리

밤이면 생각마저도 문을 걸어 잠근다

3인칭 전지현적 작가시점

피어나는 핏방울을 꽃이라 부르고
날아가는 혀들을 새라고 부릅니다
바람의 딸꾹질들은 종소리로 부를까요

가슴속 명사들을 동사로 뛰게 하는
스카프가 예쁜 그녀, 눈을 뗄 수 없군요
그녀를 잃는 세상이 쨍그랑, 열립니다

돈 세상

할머니 장판 밑에서 퇴계 선생이 발굴됐다

죽어도 갚겠다고 친구가 빌려간 백 명의 신사임당은 돌아오지 않았다 행방불명된 그녀들을 찾아 헤매던 아침에는, 어젯밤 세탁기 속을 다녀오신 율곡 선생이 양복바지 주머니에서 쪼그린 채 울고 계셨고, 용돈이 내 하루 일과를 다 읽고 기록했다 날마다 탱탱하게 늙어가는 아내들은 똥만 껴안고 걷는단다, 명품 가방 루이비똥

고사상 돼지 비명도
틀어막는 종이돈

괄호 안에 갇힌 사람들

대단한 직업이거나
빈털터리 시인이거나

인정된 당신만이 괄호 안에 들어간다

이름 옆 괄호 속에서
살고 있는 또 다른 당신

괄호 속이 궁금할 뿐
당신에겐 관심 없지

괄호와 악수하고
괄호와 대화한다

괄호에 갇히기 위해 얼마나 노력했던가!

괄호 밖은 괄호를 쉽게 열지 못하고
괄호는 종소리처럼

괄호 밖을 밀어낸다

마침내 당신은 사라지고
괄호만이 남는다

헬조선왕조실록

그 옛날 고조선처럼
무당이 다스렸다

바야흐로 병신년(丙申年)이라 혼이 비정상 돼버린 우주의 기운들이 헬조선을 도와줄 때 구중궁궐 임금은 최저임금 몰랐고 한 포기 두 포기 시들어가는 3포세대(三抛世代)는 닭치고 개돼지처럼 '노.오.력'이 부족했다 능력 없는 흙수저들은 부모를 원망하라고 돈도 실력이라 갑질이 활개 치는 순실 4년, 그리하야 내려와라 촛불들이 타올라 우리는 민족 죽음의 역사적 사명을 띠고

이 땅에 이러려고 태어났나
자괴감 들고 괴로워

두부

으깨진 너를 본 건
오월의 광주였다

서늘한 칼끝의
감촉에 몸서리치던

두부는
잘리는 순간에도
칼날을 감싸 안는다

사물은 눈에 보이는 것보다 가까이에 있음

날이 선 기억으로 눈뜨는 오월이면
길 위에서 꿈꾸던 노래들이 타오른다
거울 속 발목 빠진 새
한 마리가 울고 있다

날아가던 총알이 아직 여기 멈춰 섰다
죽지 못한 새들은 죽지에 얼굴을 묻고
불 꺼진 건물들 사이
그림자가 스쳐간다

머뭇대던 물방울이 미끄러져 떨어진다
허공을 허물면서 날아오는 메아리
금남로 길을 접어서
몸속에 말아 넣는다

불 혹은 뿔

촛불을 다른 초에 옮겨서 붙이는 밤
횃불 들고 그리던 알타미라 동굴 벽화
거대한 들소의 뿔이
불처럼 타오른다

불에 불이 붙으면 뿔이 되어 솟는다
옮겨 붙은 촛불은 뿔갈이한 사슴 되어
광화문 촛불들처럼
한세상 들이받으며

귀신이 산다

놀라지 마 사실 그는 오래전에 죽었어

백 년 전에 사라진 이백 광년 별처럼

우리는 이십 년 전 그를

바라보고 있을 뿐

뼈도 살도 타버리고 그림자로 남은 그는

거울을 바라보며 가끔씩 곡(哭)을 하지

씨나락 까먹는 소리가

종교처럼 모셔진다

최미진은 왜 나를

 그녀가 이렇게 나를 버릴 수 있는가

 웅크린 무릎 사이 한숨들을 버리고 뼈 시린 바람의 생채기를 버리고 쇠똥구리처럼 밤새 굴린 내 말들을 버리고 실핏줄 다 터진 내 새벽을 버리고 내릴 역을 지나서 잠을 깬 당혹 같은……. 라면 받침대로 쓰다 버렸나 헌책방의 시집 한 권

 ─ 가을날 최미진님께
 좋은 인연, 박성민 드림

호모 텔레포니쿠스*
— 페이스북(Facebook)

목련꽃 지는 소리도
스마트폰에 저장한다

'좋아요' 손가락들이 당신을 콕 찌르면 옆 사람을 외면하고 페이스북에 들어간다 가깝고도 먼 거리에 엄마가 앉아 있다 엄마를 차단하고 페친과 공유하기, 스마트폰 속 엄마 영상에 눈물을 흘려보기, 당신을 기웃거리던 누군가가 친구 신청한다, 인류가 더 진화한다면 엄지손가락만 커질 것이다

폰 쥐고 잠든 당신은 내게
알 수도 있는 사람

---

*호모 텔레포니쿠스(Homo telephonicus): 몸에 휴대폰이 없으면 불안해하는 현대인.

오늘의 교통정보

오늘도 출근길은 미세먼지로 부옇습니다.

지방에서 서울 오는 모든 구간 거북이걸음, 인서울 하는 시간 알 수가 없습니다. 여의도 방향은 중앙분리대를 들이받은 차량 때문에 양방향 소통 힘듭니다. 구직자들은 긴 터널 빠져나올 때 눈부심 주의하세요. 밤부터 비 소식, 링거액처럼 떨어지는 빗물에 안전 운전하시고, 활어차들은 신선도를 위해 더 빨리 달려주세요.

운전 중 트럭에 실린 소 눈을 조심하세요.

좋아요 33, 싫어요 18

강물을 클릭하면
물고기가 튀어 올라

악수할 필요 없지
지문이 널 기억해

열린다, 침묵의 신전
조아리는 손가락들

별자리 더듬으며
까마귀 떼 날아오면

손목 그은 전깃줄에
피가 배는 저녁놀

구독과 좋아요 버튼
처방전처럼 눌러줘

제4부

거북

이놈의 세상 참, 목 빼고 살기 거북하네.

새 용궁 짓고 잔치 벌이다 병났으면 죽을 일이지, 사기 치란 용왕도 많고, 토끼 같은 달변도 많아 토끼놈 배 가르자고 몇 번을 말했건만, 갑골로 점쳐보니 오래가긴 글렀어. 두문불출 뒤집어쓴 이불, 등껍질 될 줄이야. 조심조심 움츠린 목, 가치부전(假痴不癲)도 참 어려워. 여보게, 내 등짝에 쩍쩍 벌어진 논바닥 보소. 참새도 없는 논두렁에 허수아비만 서 있네, 녹봉 받고 사기 치는 일 더럽고 아니꼽지만, 눈 한번 질끈 감고 술이나 한잔하세.

몸 한번 뒤집혀지면 끝장나는 세상 아닌가.

죽은 책

방 안에서 깨우쳤던 현자는 없었다
연약한 기호들은 손끝에서 닳아지고
만지면 부스러지는 미라 같은 활자들

밑줄 그은 흔적들은 나의 것이 아니다
상징이 상상력을 수갑 채운 낡은 방
죽은 지 이미 오래된 책 속에서 나오라

코끼리

전생을 기억한다는 단 한 마리 짐승아
무심한 눈 내리깔고 바라보는 네 다리는
그 옛날 당신 기다리며 기대섰던 기둥이다

당신이 잊고 사는 빗살무늬 울음들이
희미하게 들려와서 큰 귀를 펄럭인다
동굴 속 어깨 들썩이던 소리의 지문들

글썽이며 바라보던 가지 끝 그믐달을
긴 코로 말아 올려 입가에 끌어모았나
가끔씩 소스라치며 앞발을 치켜든다

벌교 거시기 꼬막

솥에서 거시기까지 삶아져 나온 꼬막들

물살이 다 빠져나가 껍데기만 남은 바다, 개펄 깊은 곳에서 키우던 음모가 온몸에 칼금으로 깊숙이 새겨져도 아무런 말이 없다, 손톱 끝만 물어뜯는다. 수평선을 튕기던 빗살무늬 같은 외로움만 갈수록 굳어간다. 혀 깨문 꼬막들은 단 한 번 죽기 전에 피 묻은 적막을 이야기하려다가 그마저도 입 다문다. 저희끼리 몸 비빈다. 아아, 오늘도 괄약근은 벌어지지 않는다. 입 안 가득 개펄만 머금은 폐경기의 꼬막들

개펄의 자궁 냄새를 발설하지 않는다.

이사금*

옛날엔 떡을 깨물어 임금을 정했다
유리와 탈해가 이빨 수를 헤아리고
우물에 두레박 던져
왕관을 건져냈다

기억은 저녁 구름처럼 어둠 속에 순장(殉葬)됐나
화살과 총알들이 왕좌를 관통했다
오래된 비석 뒷면에
남아 있는 말의 화석

---

*이사금: 신라 제3대 유리부터 18대 실성까지 사용한 왕의 명칭. '이[齒]가 많은 사람'이라는 의미인 '잇금'으로 '임금'의 원형.

달의 슬라이더

오늘밤 등판하는
투수는 보름달이다

글러브 같은 구름 속에
숨겼다가 던지는 공

조심해!
능선 위에서
천천히 휘어진다

빈볼로 나가려고
몸을 던진 이태백

치기를 포기하고
감상하던 소동파는

잘 봐라!
2군 숙소에서

창 너머로 공을 본다

녀석도 지친다,
얼굴이 창백해질 때

달빛의 결에 맞춰
부챗살 타법으로

굴뚝에
걸린 달처럼
가운데를 쳐야 한다

혀

편자 박은 말들은 구유만 핥고 있고
재갈 물린 말들은 허공만 긁는데
날뛰는 말들이 자꾸
달아나려 하고 있다

마구간 도망친 말이 다른 말을 데려와
말과 말 푸득이며 얼굴을 비벼대면
얼룩진 말이 태어나
지평선을 넘어온다

손금

노인의 손바닥은
칼집 많은 나무도마
등 푸른 정어리
한 마리가 꿈틀대고
비릿한 생명선만 길어
좌판 놓고 앉았다

좋을 때 떠난 영감
생각도 나지 않아
살구꽃 피고 지는
꽃그늘 아래 앉아
자꾸만 헐거워지는
가슴 한쪽 만져본다

윤슬*

수만 개 바늘들이
물결에 꽂혀 있다

뼈아픈 사랑 끝에
손등이 젖는 저녁

널 보며 반짝이던 눈빛
빠져나가는 밤바다

---

*윤슬: 햇빛이나 달빛에 비치어 반짝이는 잔물결.

손 없는 날

어머니가 뿌리던 소금 같은 눈 내린다
손끝에 만져지는 점자 같은 예감들
누군가 시퍼런 하늘 숫돌에 갈고 있다

이사 온 당신이 휘어진 못 박는다
으깨진 병 조각 날 세워 묻힌 담장
소문이 그 위를 넘다가 살 찢기고 피 흘린다

'역시'와 '어쩐지'가 통성명을 하는 동안
시간의 이끼가 벽에 붙어 자라나고
불안이 세간들 위에 주술처럼 깔린다

사람들 발목이 안개 속에 빠져 있다
날이 선 식칼이 도마에서 아침을 썰면
길 위에 쏟아진 신발 혼자 길을 걷는다

느시*

노을은 뒤척이며 손톱을 물어뜯고
저녁까지 앓던 능선은 몸 돌려 눕습니다
당신도 움켜쥘 수 없는
발톱이 세 개입니까?

툭툭 뛰던 심장을 깃털 속에 넣거나
따뜻하게 목도리에 비빌 수도 있습니다
누구를 닮아가는지 모를
울음을 풀어줍니다

한 번도 나뭇가지에 앉아본 적 없습니다
눈물이 번져가도 피어나지 않는 꽃들
당신의 이름을 잊는 데
일생이 지나갑니다

―――――
*느시: 천연기념물인 겨울새, 들칠면조라고도 함. 짧은 발가락 3개에 뒷발가락이 없어서 나무에 앉을 수 없다.

고양이는 그레코로만형으로

노을은 상해버린 생선 냄새 풍긴다
고양이가 움츠리고 올라가는 난간 지붕
달빛은 비린내 나는 비늘처럼 반짝인다

발정난 듯 지붕으로 뻗어가는 장미넝쿨
먹다 남은 가시를 노려보는 둥근 눈
밤새껏 신생아 같은 울음을 클린치한다

싫증 난 지붕이 고양이를 캑캑 뱉으면
꼬리를 세우고 난간을 다시 올라
누워서 가슴 너머로 달빛을 안아 던진다

유목의 시간

기침하며 삼켜야 하는 알약 같은 낮달이다
박스 든 몽골 사내, 얼어붙은 코끝과 뺨
온몸의 뼈들이 일어나
마두금*을 켜는 시간

제지공장 절단기에 베어진 유목의 별
오늘과 내일을 꼽던 손가락들 잘려 나가
바람의 신전 앞에서
무릎 꿇고 잠든다

아내의 살비듬 같은 싸락눈이 내리면
짓물러 터진 꿈도 지하도에 쓰러져서
바닥에 몸 눕히는 밤
그림자도 가고 없다

---

*마두금(馬頭琴): 두 개의 현을 가진 몽골의 전통 현악기.

팽목항에 내리는 비

떠난 그대 오지 않고, 빗방울만 다녀간 날
하늘로 간 그대 꿈이 눈물로 흩날리네
숨죽여 흐느끼는 밤 끌어안고 내리는 비

당신이 노래라면 견딜 수 없는 노래
당신이 꽃이라면 눈물로 헤는 꽃잎
오늘도 당신이 없이 사는 날은 캄캄한데

떨어진 눈물들이 벼랑을 만드네
고여도 썩지 않는 건 눈물뿐인데, 그대여
눈물은 그리움으로 또다시 태어나네

떠난 사랑 오지 않고, 서글픔만 다녀간 날
안아주지 못한 꿈이 항구에 흩어지네
이렇게 부끄러운 세상, 살다 가는 쓸쓸한 비

보름달

저 노랗고 둥근 표적에 날아간 화살들은
포물선 그으며 땅으로 떨어지거나
밤하늘 사수자리에
박혀서 빛난다

바람의 촉들이 항상 널 겨누지만
한 번도 명중 못하고 그냥 빗나갔을 뿐
이 가을, 어쩌자고 꿈은
저리 멀리 달아났나

보름달을 숭덩숭덩 잘라 파는 정육점
달빛이 구긴 지붕 다려주는 세탁소
옛 꿈의 노른자위가 툭,
달동네에 떨어진다

제5부

빙폭(氷瀑)

한 검객이 다시는 칼을 쓰지 않겠다고
이 절벽에 시퍼런 칼, 세워두고 떠나갔다
상처 난 몸 구석구석
실밥으로 돋은 풀

칼을 빼라 칼을 빼라
소리치는 바람에도
꽁꽁 언 발치 보며 칼집을 잠근 것은
한 번도 벽에 기대어 울지 못한 밤이었다

그 어떤 바람도 관통한 적 없는 눈물
얼어붙은 턱으로 소리쳐 울 수 없다
울다 간 세월을 가둔 채
맨발로 선 고독의 칼

안경

여자는 아침마다 어항 두 개를 닦는다

흔들리며 떠 있는 검은 수초 아래로 두 마리 물고기들이 깜빡이며 사는 어항 쌍꺼풀 진 지느러미 속눈썹으로 흩날린다 검고 하얀 물고기 헤엄치는 한낮이면 즐거운 기억들로 눈꼬리 하늘거리고, 외롭다고 말하면 얇아지는 물고기들

밤이면 두 마리 물고기 사라지고 안 보인다

네안데르탈인

— 약 2만 년 전 간빙기에 이동한 네안데르탈인들은 기후 변화와 질병, 먹이 부족으로 멸종되었다.

돌도끼도 돌창도 없이 동굴 나온 이슬람 씨
단속을 피하려다 이층에서 뛰어내렸다지
고드름 또 얼어붙는
이 땅은 빙하기

사람들이 웅성거리며 모두들 모여들었지. 기계가 얼음 배긴 무 같은 손 베어간 날, 사장은 대롱거리던 손가락을 떼어버렸지. 돈 벌어 오겠다고 딸과 약속한 새끼손가락. 잘려 나간 희망에선 피가 뚝뚝 떨어졌고 손가락, 쓰레기통 속에서 뼁골만을 가리켰지

구멍 난 플래카드가 온몸으로 바람 맞고
진눈깨비들 신음처럼 허공에서 떨다가
저 혼자 녹아버리는
겨울날 저녁이었다

서늘한 족보

족보의 아랫목엔 큰 기침이 묻어 있고
큰 기침을 들추면 밥그릇 같은 무덤

무덤은
만삭인 여자
조상들이 태어난다

인가에 내려와 해찰하는 산 그림자
신발을 벗어놓고 저수지에 몸 던진 하늘

팽팽한
연실 감으면
먼 전생도 당겨온다

족보의 윗목에는 서리가 묻어 있고
밤마다 엽전 굴리던 홀어미가 앉아 있고

달빛이

담장 넘을 때
은장도가 빛난다

바람도 출가외인, 쿨럭이다 떠나간 날
문지방에 웅크린 한숨들은 오늘도

다 닳은
놋숟가락으로
허기를 퍼낸다

스프레이

타이어가 단말마를 끌고 가다 멈췄다
누군가의 죽음 위에 서 있는 사람들

혈흔이 지워진 자리
신음만 말라붙어

아이가 웃으면서 스프레이 밟고 갈 때
웃음과 울음이 서로에게 스며든다

도시는 비명(悲鳴) 아니면
비명(碑銘)들이 태어난다

곤달걀*

잠들지 못하는 밤
난 몸을 웅크려요
물컹한 영혼이 부리가 될 때까지
이불로 얼굴을 덮고 서툰 잠 청해요

단단한 존재들은 언젠가 깨진다는
엄마의 태교가 겁나기도 하지만요
이불 밖 세상이 궁금해
자꾸 발을 내밀어요

무수한 생채기들 피를 뚝뚝 흘려요
이 상처만 나으면 나갈게요, 이 상처만……
나 자꾸 늑장 부려요
두 날개를 접어요

---

*곤달걀: 부화되지 못한 달걀. 껍질을 깨고 나오지 못해 죽은 병아리가 들어 있다.

가을날의 몽타주

세상을 표절하느라 일생을 탕진한
벽거울 속으로 추억들은 들어간다
거울엔 텅 빈 들판에
낮달만 사위어간다

당신을 만난 날들이 거울 밖으로 사라지고
허공의 한숨들이 휘파람을 낳는 저녁
거울로 들어간 내가
새하얗게 늙어버렸다

거울은 이번 생이 머뭇거린 풍경인가
덜 깨진 비명들이 모서리를 버릴 때
거기서 나는 죽는다,
뼈만 남은 이름 하나

두껍아 두껍아

젊은 날의 비수는 녹슨 지 오래인가
목메던 노래는 가고 가성만 남아서

세상과 악수하는 법만
배워버린 두껍아

누수된 빗방울이 등줄기에 새겨졌나
죽은 파리 한 마리 입에 문 두껍아

헌 집은 헐어버리고
새 집 짓자 두껍아

오늘의 운세

오늘의 운세 속에서
당신들이 태어난다

쥐구멍에는 볕 안 든다. 쥐띠는 손에 쥐나도 숟가락 쥐는 법 잊지 마라. 소띠는 옛 문서 버리고 새 문서 받는 격, 귀인의 도움으로 힘든 삶이 끝난다. 범띠는 이동수 있다. 남으로 내려가면 총 든 귀인 만난다. 토끼야, 육지에 간 놓고 다니지 마라. 용궁 벗어나 고목에 꽃 피는 격이다. 용띠는 승천하려는데 구슬이 없구나. 개천에서 날겠다고 용쓰면 안 될 운세. 뱀띠는 허리띠 졸라매고 재물을 아껴라, 팔자에도 없는 다리 그리려 하지 마라. 말띠야, 말 타면 다 경마 잡혀야 하냐? 욕심을 버리고 마구간 지켜라. 양띠는 번호표 뽑고 순번을 기다리는 격, 다정도 병인 양 하면 기다리던 귀인 온다. 원숭이띠는 구설수와 바나나를 조심하라, 조삼모사 면하겠다. 닭띠는 비뇨기 계통 조심할 운세다. 노상방뇨 하다가는 닭장 신세 지겠구나. 개띠들은 오늘 필히 사람을 만나지만 오늘 만나는 사람은 개발에 편자, 인연이 아니다. 돼지띠는 인기가 높아지고 이름이 널리 알려진다. 당신 입에 지폐 끼우는 전생의 인연을 만난다.

오늘의 운세에 따라
피고 지는 표정들

계백(階伯)

잠깐 여그 있으락 해서 사흘째 서 있다.

오늘밤도 바람이 찬디 어째 안 온다냐 며눌아가. 여그가 어딘고, 차들이 겁나게 지나간다. 내 옆에서 함께 졸던 비둘기들도 가버렸어야. 어제께는 순경도 오고 화랑복지원이라고 왔어야. 집 전화가 바꿔졌다고 즈그들 따라오란디 너 와서 나 없으믄 울고불고 할 것 아니냐. 굳은 몸도 나른해진다, 뭔 사고 난 것 아니냐. 아침저녁 걱정됭께 싸게싸게 오니라 아가.

새우젓, 너 오문 줄라고 한사코 안고 있어야.

배꼽

새들이 떠난 둥지
새똥만 남아 있다

몇 알의 진통제가
새알인 듯 떨어진 곳

세탁기
빨래처럼 엉킨
내 전생의 기억들

소녀

그녀의 발등 위에 눈이 내려 쌓여도
단발머리 소녀는 가만히 앉아 있다
치마를 움켜쥔 두 손
맨발이 차디차다

눈물도 말라붙던 필리핀 남양군도
꽃잎의 피고름까지 갉아먹던 벌레들
통증을 다 밀어올린
꽃송이가 꺾인 밤

그녀의 어깨 위에 새가 앉아 울어도
작은 눈의 소녀는 입 다문 채 말이 없다
수줍던 열다섯 소녀는
속울음마저 잊었다

뼈

'뼈'라고 발음하면
영혼이 새는 소리

내 뼈와 포개지는
당신의 뼈에서는

빈 그릇 긁던 숟가락
그 소리가 들린다

백 년 동안의 고독

내 영혼의 빈 뜰에
울고 있는 새 한 마리

얼어붙은 날갯죽지
눈 쌓인 나무처럼

오늘은
울음도 잊은
깊은 눈의 새 한 마리

해설

결핍의 시대를 건너는 고독, 그리움 그리고 풍자

진순애(문학평론가)

1. 시조의 동시대화

박성민의 시집은 무엇보다도 평시조와 사설시조 양자를 아우르고 있는 것이 특징적이다. 정형율의 평시조와 정형율을 일탈한 사설시조라는 시조의 외적인 특징뿐만 아니라 평시조와 사설시조의 내적인 특징, 곧 평시조의 정형적인 세계관과 사설시조의 현실풍자의 세계 또한 아우르고 있다. 절제미로 엄선된 평시조의 세계와 은유의 풍자로써 사설시조의 해학미까지 섭렵하고 있는 것이다. 이는 시조의 전통을 충실히 계승하면서도 현대시조로서의 동시대성 또한 특화시키고 있는 법고창신의 시 쓰기다.

사설시조의 현실풍자로써 한국사회의 초상화를 그리고 있다는 점에서, 평시조의 화자가 꿈꾸며 그리는 세계가 초월적이자 보편적 가치의 세계라는 점에서 박성민의 시조는 단지 전통적 장르로서 시조의 현재화가 아니라 현대사회의 초상으로써 동시대성을 충실히 담아내고 있다. 결핍의 시대에 고독한 인간의 초상화를 노래하면서 상실의 시대인 현대에서 꿈꾸는 자아의 그리움으로 평시조의 절제미를 그려낼 뿐만 아니라, 결핍과 상실로 인한 문제적 현대에 대한 풍자로 사설시조의 특징을 동시대화하고 있다.

2. 결핍의 시대를 건너는 고독

내 영혼의 빈 뜰에
울고 있는 새 한 마리

얼어붙은 날갯죽지
눈 쌓인 나무처럼

오늘은
울음도 잊은
깊은 눈의 새 한 마리

─「백 년 동안의 고독」 전문

  이 시조는 시집의 마지막에 실려 있는데, 평시조의 정형을 잘 지키고 있다. 외적인 정형뿐만 아니라 절제미로서 내적인 시조의 정형 또한 잘 견지한다. 초장에서 "내 영혼의 빈 뜰에/울고 있는 새 한 마리"라고, 고독한 자화상을 백 년 동안이나 고독한 역사에 비유하여 일괄하고 있다. 초장이 주제를 압축하고 있고, 중장과 종장에서 초장에서 일괄한 주제를 각각 풀어내고 있다. "내 영혼의 빈 뜰"은 중장의 "얼어붙은 날갯죽지/눈 쌓인 나무처럼"에 비유되어 만물이 얼어붙은 겨울처럼 고독한 자화상을 상징한다. "울고 있는 새 한 마리"를 종장에서 "오늘은/울음도 잊은/깊은 눈의 새 한 마리"에 비유하여 울고 있던 새가 울음조차 울지 못하는 깊은 슬픔 혹은 깊은 고독에 침잠하였음을 노래하고 있다.

  이때 박성민이 백 년 동안이나 고독한 까닭이 무엇인지를 궁금해 할 일이다. 시가 마르케스의 소설 『백 년 동안의 고독』과 무관할 수 없다면, 그리고 이 소설이 현대문명에 압도당한 마콘도 마을의 설립과 쇠퇴라는 대립구도로 인류의 문명사를 상징적으로 그렸다면, 박성민이 「백 년 동안의 고독」에서 말하는 고독의 원인도 현대문명사에 압도당한 휴머니즘과 무관할 수 없다.

  현대의 우리가 고독한 까닭이야 '신이 죽어버린 시대로서 동시대성'에도 있겠고, 실존주의적 단독자로서의 고독에서도 찾을 수 있겠다. 그럼에도 단지 고독한 현대의 주체가 아니라 '백 년 동안'이나 고독한 주체이므로 거기에는 인류의 역사가 내재한다. 역사적 전개에서 비롯된 개인의 고독은 그 까닭을 역사 속에서 찾아야 함이 보다 타당하다. 때문에 현대에 와서도 시조문학이 그 빛을 발하고 있는 까닭 또한 담지하고 있다. 결핍의 시대인 현대에서 우리가 잃어버린 것에 대한 환기를 위해 '백 년 동안의 고독'이라고 역설적으로 노래하고 있는 것이다.

> 눈물의 내시경이 내 몸속을 지나간다
>
> 그녀의 집 앞에서 흘리던 눈물인가 불 켜진 창을 향해 몰려들던 눈송이들, 그 처마에 두고 온 시퍼런 내 청춘이 시린 사랑 한 방울로 목덜미에 떨어진다 그렁그렁 외로움에 밤새 떨다 입술 깨문 밤, 사내의 쓸쓸함이 태어나던 그 골목, 기다림의 몸속에선 오래된 피가 고였다
>
> 아직도 송곳이 되어 내 가슴을 찌르는
> ―「고드름」 전문

화자의 내면을 압도하는 것은 슬픔 같은 고독 그리고 외로

움에 따르는 지속되는 울음이다. "눈물의 내시경이 내 몸속을 지나간다"고 하듯이 눈물에 비유된 슬픔, 고독, 외로움 등은 화자를 울게 하는 원천이며 구체적으로 보면, 고독했던 청춘의 시간들이다. "그녀의 집 앞에서 흘리던 눈물"이 "사내의 쓸쓸함"으로, "아직도 송곳이 되어 내 가슴을 찌르는" '고드름'으로 화자의 몸속을 통과한다.

고드름에 비유된 고독의 원인은 일차적으로 화자의 개인적 차원에 있는 것으로 보이나, 그럼에도 이루지 못한 사랑의 까닭이 무엇일까에 초점을 맞추다 보면, 청춘을 헐벗은 채 보낸 데에 있다고도 할 수 있다. 그 까닭은 사회적·국가적·시대적 차원과 무관하다고 할 수 없으므로, 화자의 고독은 청춘들이 고독한 사회상 및 시대상으로 확장된다. "실업의 맷돌에서 흘러나온 청년들/한 평 반 고시원 밑줄 긋고 공부하다/반듯한 두부 한 모로/웅크리고 누웠다"(「두부는 반듯하다」)에서도 오늘날 한국사회 젊은이의 초상화를 만날 수 있다. 돈 버는 일에 압도당하여 사랑조차 결핍된 혹은 부재한 시대로서 현대를 은유하는 고독한 젊은이의 초상이다.

> 노인의 손끝에서 이름들이 피어난다
> 이름 밖 나뭇결이 깎여나는 목도장
> 움푹 팬 골목길 안도
> 제 몸 깎고 피어난다

캄캄한 음각 안에 웅크려 있는 고독

나 아닌 것들이 밀 칼에 밀려날 때

촘촘한 먼지 속에서

울고 있는 내 이름

노인의 이마에서 전깃줄이 흔들리고

골목에 훅, 입김 불자 길들도 흩어진다

도장에 인주를 묻혀

붉은 해 찍는 저녁

—「목도장 파는 골목」 전문

  화자의 고독한 시선은 골목에서 목도장 파는 노인의 손끝에도 동화된다. 목도장 혹은 목도장 파는 노인, 더 나아가 목도장 파는 골목은 모두 지나간 삶에 대한 상징물이다. 도시문명에서 밀려난 자연 친화적인 인간의 풍경인 것이다. "붉은 해 찍는 저녁" 풍경 또한 자연 친화적인 인간의 풍경을 뒷받침한다. '노인의 손끝에서 도장의 이름들이 피어나듯' 옛사람들은 노인의 지혜로운 손길을 이어가며 삶의 의미를 새겼듯이 목도장 파는 노인의 손끝이 전통사회의 지혜를 상징하는 매개로 확장되고 있다.

  그러나 목도장도, 목도장 파는 노인도, 움푹 팬 골목길도 화려한 도시문명의 뒤란으로 사라진 지 오래다. 더불어 노인의 지혜로운 손길을 이어가며 새기던 청춘들의 이름도 오래전에 도시문명의 뒤란으로 사라졌다. 목도장 파는 노인은 "캄캄한 음각 안에 웅크려 있는 고독"으로 화자의 고독에 동화되고, '노인의 손끝에서 피어나던 이름들'은 "나 아닌 것들이 밀칼에 밀려날 때/촘촘한 먼지 속에서/울고 있는 내 이름"으로 고독하게 결핍 속으로 추락한다. 남은 것은 청춘의 고독이고 노인의 고독이며 현대인의 고독이다. 곧 백 년 동안의 고독이다.

3. 결핍의 시대에 꿈꾸는 그리움

생몰연대 미상의 눈발이 흩날린다
울고 간 누군가의 발자국을 더듬으며
온몸을 쥐어짜 걷는
허기의 일필휘지

한쪽 눈 찌르고 안경알을 빼버리면
북녘의 바람도 七七
두 마리 새도 七七
계곡의 입술을 떠난 휘파람이 날아온다

여태 마신 술보다 흘린 술이 더 많았나

덜 취한 세상의 눈길은 더 추워서

  먹물을 쏟아부은 밤

  시퍼런 달이 뜬다

    ―「七七―풍설야귀도(風雪夜歸圖)」 전문

 박성민은 최북을 그리워한다. 자신의 이름인 북 자를 반으로 쪼개서 자를 칠칠로 만들었다는 최북은 그림값을 많이 주면 돈을 내던지며 비웃었으며, 자신의 눈을 찌르며 세상과 타협하지 않았을 뿐만 아니라 도화서 화원에 얽매이기도 거부했다고 한다. 박성민이 최북을 그리워하는 까닭은, 최북과 같은 인물이 실존하는지가 의문스러운 자본주의 세상에 있는 것으로 보자.

 "북녘의 바람도 七七/두 마리 새도 七七"은 최북을 은유한다. 바람, 그것도 찬바람 이미지의 북녘의 바람으로, 혹은 거칠 것 없이 자유롭게 창공을 나는 새에 비유된 최북의 칼날 같은 이미지가 끝내는 '시퍼런 달'에 비유되고 있다. "먹물을 쏟아부은 밤"은 시퍼런 달처럼 예리하게 깨어있는 정신으로 지새는 밤일 것이다. 예술의 혼을 불태우는 밤의 공기가 시퍼런 달이 되어 승천하는 까닭에 그러하다. 박성민은 예술가의 창작의 혼만은 자본주의 바람 속에서 살아남아 있기를 꿈꾼다. 최북의 기개를 그리워하여 역설적으로 결핍의 시대인 현대에서 잃어버린 것에 대한 환기를 돋우고 있는 것이다.

어머니가 보낸 김치통, 묶은 매듭이 안 풀린다

긴 끈의 비명을 매듭이 물고 있는 어머니의 문자는 해독되지 않는다. 허공을 더듬던 손이 절벽을 만지듯 모자란 끈들은 자기 삶을 더 당긴다. 뱃속에서 탯줄로 만났던 어머니와 난, 두 갈래 길에서 또다시 헤어졌을까. 어머니가 아픈 다리로 오르던 계단은 길의 주름이거나 수십 번 묶은 매듭이다. 팽팽하게 당겨진 길마다 매듭진 집들, 어머니는 울음 끝에 눈물을 동여맸으리.

인류가 망해도 남을
마지막 문자, 어머니
—「결승문자(結繩文字)를 읽다」 전문

예술을 향한 절대성처럼 어머니, 혹은 모성애는 "인류가 망해도 남을/마지막 문자"로 비유된다. 예술을 향한 절대성도 "인류가 망해도 남을/마지막 문자"와 같다. 영원히 살고자 한 인간의 욕망이 혹은 생명체로서의 유한성을 극복하기 위해 인류가 만들어낸 영원성이, '인생은 짧아도 예술은 길다'를 창안했듯이 문자가 이를 방증한다.

결승문자를 만들어낸 인류의 고도의 창의력처럼 어머니의 김치통을 묶은 매듭은 '해독되지 않는 문자'이다. 해독되지 않는 암호처럼 깊디깊은 사랑의 샘으로서 어머니의 김치통이다. "어머니가 아픈 다리로 오르던 계단은 길의 주름이거나 수십 번 묶은 매듭"은 어머니의 울음이며 어머니의 울음 끝에 동여맨 눈물을 은유한다. 어머니의 희생을 은유하는 김치통의 매듭이며, 헤아릴 수 없는 모성애의 깊이를 상징하는 어머니의 김치통처럼 결승문자는 영원성을 지향하는 인류의 출발점이었을 수도 있다.

비록 가난했을지라도 휴머니즘이 살아있고 인간이 자연과의 일체로 존재했던 시절은 그리운 시절이 아닐 수 없다. 그 시절을 그리워하는 것은 가난이 아니라 그 안에 내재된 휴머니즘이며, 그것은 욕망적 물질주의 시대에 대한 안티로 작용한다. 그곳은 "달빛이 구긴 지붕 다려주는 세탁소"이며 "옛 꿈의 노른자위가 툭,/달동네에 떨어지던" 시절에 존재하던 우리의 근원이자 보편적인 세계인 까닭이다. "저 노랗고 둥근 표적에 날아간 화살들은/포물선 그으며 땅으로 떨어지거나/밤하늘 사수자리에/박혀서 빛나던"(「보름달」) 시절이었다.

4. 결핍의 시대에 대한 풍자

그 옛날 고조선처럼

무당이 다스렸다

바야흐로 병신년(丙申年)이라 혼이 비정상 돼버린 우주의 기운들이 헬조선을 도와줄 때 구중궁궐 임금은 최저임금 몰랐고 한 포기 두 포기 시들어가는 3포세대(三抛世代)는 닭치고 개돼지처럼 '노오력'이 부족했다 능력 없는 흙수저들은 부모를 원망하라고 돈도 실력이라 갑질이 활개치는 순실 4년, 그리하야 내려와라 촛불들이 타올라 우리는 민족 죽음의 역사적 사명을 띠고

이 땅에 이러려고 태어났나
자괴감 들고 괴로워
―「헬조선왕조실록」전문

풍자문학은 그 시대의 그리고 그 사회의 불행을 은유하듯 '대명천지에서 고조선처럼 무당이 다스린 나라가 돼버렸다'고 초장에서 헬대한민국의 초상을 제시하고 있다. 중장에서 무당이 다스린 나라의 구체적인 실상이 등장한다. "구중궁궐 임금은 최저임금 몰랐고"에서 '임금'이 동음이의어의 은유를 돈독히 한다. 구중궁궐의 임금이므로 현대판의 최저임금을 모르는 것은 지당하다는 은유의 비아냥이 헬대한민국을 풍자한다. 젊은이들이 삼포세대가 된 세태이므로, '능력 없는 흙수저인 부모를 원망하는 세태, 부모의 돈도 실력이라는 세태'에 대한 풍자이다.

또한 '민족 중흥의 역사적 사명'을 다하지 못하고, "민족 죽음의 역사적 사명" 앞에 처하게 돼버린 이 시대 청춘들의 초상이 헬대한민국을 은유한다. '중흥'과 '죽음'이 유음이의어의 은유로 작용하며 풍자의 효과를 강화한다. 종장에서 "이 땅에 이러려고 태어났나/자괴감 들고 괴로워"라고 인유적 풍자로 결론에 이른다. 종장에서 통치자의 말을 인용했는데, 그 말이 통치자 일개인의 말을 넘어서 시대를 풍자하는 담론으로 자리하고 있다. 대명천지에서 무당이 다스리던 고조선처럼 혹은 구중궁궐 조선시대의 임금처럼 현실과 동떨어진 통치자의 인식 태를 비판하여 한국사회를 풍자한다.

할머니 장판 밑에서 퇴계 선생이 발굴됐다

죽어도 갚겠다고 친구가 빌려간 백 명의 신사임당은 돌아오지 않았다 행방불명된 그녀들을 찾아 헤매던 아침에는, 어젯밤 세탁기 속을 다녀오신 율곡 선생이 양복바지 주머니에서 쪼그린 채 울고 계셨고, 용돈이 내 하루 일과를 다 읽고 기록했다 날마다 탱탱하게 늙어가는 아내들은 똥만 껴안고 걷는단다, 명품 가방 루이비똥

고사상 돼지 비명도
틀어막는 종이돈

—「돈 세상」 전문

 '돈'도 '금전'과 '빙빙 돌다'의 동음이의어로 은유의 언어학을 돋우고 있다. 돈이 돌고 돌아서 화폐를 발행한 한국은행으로 다시 돌아가기도 하고, 이 사람 저 사람 손으로 수평적으로 돌고 도는 때문이리라. 우리나라 돈에 오만 원권 지폐에는 신사임당 초상이, 만 원권 지폐에는 세종대왕 초상이, 오천 원권 지폐에는 율곡 선생 초상이, 천 원권 지폐에는 퇴계 선생 초상이 있다. 지폐에 조선시대의 문화적 인물들이 새겨진 것은 돈이 수평적으로만 도는 것이 아니라 역사적으로 혹은 수직적으로도 계승되는 것으로 보자. 돈이 계승되는 것은 민족 중흥의 문화가 아니라 금수저의 계보가 계승된다는 자본주의 현실에 대한 풍자이리라.

 "할머니 장판 밑에서 퇴계 선생이 발굴"된다니 천 원권 지폐만이 발견된 할머니의 장판과 '탱탱하게 늙어가는 아내들은 똥만, 그러니까 명품 가방 루이비똥 같은 똥만 껴안고 걷는다'가 옛 시절의 할머니와 현대판 할머니인 늙어가는 아내들의 풍속도를 대비적으로 은유하며 자본주의 현실을 풍자한다. 돈이면 '고사상 돼지 비명조차 틀어막는다'는 종장에서 돈의 은유가 '금전'과 '돌다'에서 더 나아가 '돌아버린' 곧 제 정신을 잃어버린 물질만능주의의 자본주의에 대한 풍자로 확장된다.

이놈의 세상 참, 목 빼고 살기 거북하네.

　새 용궁 짓고 잔치 벌이다 병났으면 죽을 일이지, 사기 치란 용왕도 많고, 토끼 같은 달변도 많아 토끼놈 배 가르자고 몇 번을 말했건만, 갑골로 점쳐보니 오래가긴 글렀어. 두문불출 뒤집어쓴 이불, 등껍질 될 줄이야. 조심조심 움츠린 목, 가치부전(假痴不癲)도 참 어려워. 여보게, 내 등짝에 쩍쩍 벌어진 논바닥 보소. 참새도 없는 논두렁에 허수아비만 서 있네, 녹봉 받고 사기 치는 일 더럽고 아니꼽지만, 눈 한번 질끈 감고 술이나 한잔하세.

　몸 한번 뒤집혀지면 끝장나는 세상 아닌가
　　　　　　　　　　　　　　　―「거북」 전문

　'목 빼고 살기 거북한 이놈의 세상'이 온전하지 않은 세상을 은유적으로 풍자한다. 거북이의 거북과 '거북하다'의 거북도 동음이의어의 은유로 풍자에 기여함으로써 풍자를 생산하는 '거북'의 은유를 돋보이게 한다. '이놈'이라는 비속어도 온전하지 않은 세상을 풍자하는 기제로 작용한다. '더럽고 아니꼬운 세상에서 눈 한번 질끈 감고 술이나 한잔' 할지라도 '가치부전'조차 어려운 세상이 되어 있는 현실에 대한 풍자를 강화하는 기제들이다.

"갑골로 점처보니 오래가긴 글렀어."에서도 '역사는 반복된다'는 의미를 함축하여 현실을 풍자한다. 그럼에도 "두문불출 뒤집어쓴 이불, 등껍질 될 줄이야."는 자괴적이고 역설적인 자기풍자이다. "조심조심 움츠린 목"이나 '가치부전도 어렵다'는 진술도 동일한 역설과 풍자를 생산한다. '거북 등짝에 쩍쩍 벌어진 논바닥'은 "녹봉 받고 사기 치는 일 더럽고 아니꼽지만, 눈 한번 질끈 감고 술이나 한잔" 할 수밖에 없는 현실을 상징적으로 은유한다. 은유가 풍자를 낳고 풍자가 해학에 이른다.

결핍된 상태에서는 누구나 외롭고 고독하다. 그러므로 결핍을 채우기 위해 할 수 있는 것 중의 하나가 그리움이다. 상실한 것을 그리워하면서 의식적으로 결핍을 채운다. 그럼에도 그리움만으로 결핍이 다 채워지지 않을 때, 혹은 그리워하는 것만으로 결핍이 다 채워지는 것은 불가하므로, 이때 의식·무의식적으로 돌출하는 것이 저항의식이다. 되어 있는 문제적 현실에 대해 주체가 저항할 때, 곧 되어져야 할 현실을 위해 문제적 현실을 공격할 때 풍자문학이 탄생한다. 박성민의 시조 또한 은유가 풍자를 생산하며 해학미조차 더하여 시조의 동시대성을 더욱 굳건히 한다. 그런 박성민의 시적 자세를 엿볼 수 있는 시 한 편을 소개하며 글을 맺는다.

한 검객이 다시는 칼을 쓰지 않겠다고
이 절벽에 시퍼런 칼, 세워두고 떠나갔다
상처 난 몸 구석구석
실밥으로 돋은 풀

칼을 빼라 칼을 빼라
소리치는 바람에도
꽁꽁 언 발치 보며 칼집을 잠근 것은
한 번도 벽에 기대어 울지 못한 밤이었다

그 어떤 바람도 관통한 적 없는 눈물
얼어붙은 턱으로 소리쳐 울 수 없다
울다 간 세월을 가둔 채
맨발로 선 고독의 칼

—「빙폭(氷瀑)」 전문

이 도서의 국립중앙도서관 출판시도서목록(CIP)은 서지정보유통지원시스템 홈페이지(http://seoji.nl.go.kr)와 국가자료공동목록시스템(http://www.nl.go.kr/kolisnet)에서 이용하실 수 있습니다.(CIP제어번호: CIP2020051195)

시인동네 시인선 141

어쩌자고 그대는 먼 곳에 떠 있는가

ⓒ 박성민

초판 1쇄 인쇄 2020년 12월 4일
초판 1쇄 발행 2020년 12월 11일
  지은이 박성민
  펴낸이 김석봉
  디자인 헤이존
  펴낸곳 문학의전당
  출판등록 제448-251002012000043호
    주소 충북 단양군 적성면 도곡파랑로 178
    전화 043-421-1977
  전자우편 sbpoem@naver.com

  ISBN 979-11-5896-497-9 03810

*이 책의 판권은 지은이와 문학의전당에 있습니다.
*양측의 서면 동의 없는 무단 전재 및 복제를 금합니다.
*잘못 만들어진 책은 바꿔드립니다.
*이 시집은 서울문화재단 '2020년 창작집 발간 지원사업'의
 지원을 받아 발간되었습니다.